NOTES & DOCUMENTS

RELATIFS AUX

SŒURS NOIRES

(AUGUSTINES)

DE DUNKERQUE

depuis leur établissement dans cette ville jusqu'à nos jours

PAR

M. l'abbé R. FLAHAULT

Directeur du Collége Notre-Dame des Dunes.
Membre du Comité flamand de France.

(28 AOUT — FÊTE DE SAINT AUGUSTIN)

LILLE

IMPRIMERIE LEFEBVRE-DUCROCQ

1884

NOTES & DOCUMENTS

RELATIFS AUX

SŒURS NOIRES

(AUGUSTINES)

DE DUNKERQUE

depuis leur établissement dans cette ville jusqu'à nos jours

PAR

M. l'abbé R. FLAHAULT

Directeur du Collége Notre-Dame des Dunes,
Membre du Comité flamand de France.

(28 AOUT — FÊTE DE SAINT AUGUSTIN)

LILLE
IMPRIMERIE LEFEBVRE-DUCROCQ
—
1884

NOTES & DOCUMENTS

RELATIFS AUX

SŒURS NOIRES

(AUGUSTINES)

DE DUNKERQUE

depuis leur établissement dans cette ville jusqu'à nos jours

PAR

M. l'abbé R. FLAHAULT

La communauté des Sœurs de l'ordre de Saint-Augustin, dites aussi Sœurs Noires, de la couleur de leurs vêtements, est la dernière venue de toutes celles qui existaient à Dunkerque avant la Révolution.

Parmi les nombreuses maisons religieuses abolies pendant la tourmente révolutionnaire, c'est la seule qui ait été rétablie.

Nous avons pensé qu'il serait intéressant de relier le passé avec le présent et de condenser aussi brièvement que possible les notes qu'il nous a été donné de recueillir sur l'ancienne période ainsi que sur l'époque actuelle.

Le dépôt[1] communal de Dunkerque ne présente, dans le carton relatif aux Augustines, qu'un certain nombre

1 Le dossier relatif aux Augustines contient 33 pièces et un registre de vêture ne renfermant que quelques noms dont nous dirons plus loin un mot en note finale. — Voir annexe A.

de pièces sans trop grande importance pour la plupart et d'une date voisine de la Révolution. Nous les analysons néanmoins par ordre chronologique, en y ajoutant des notes glanées çà et là dans les historiens locaux.

Au mois d'août de l'année 1682, dit Faulconnier [1], le Magistrat permit aux religieuses de l'ordre de Saint-Augustin de Dixmude [2] de s'établir à Dunkerque, pour y servir et assister les malades, et il leur prêta deux petites maisons de pauvres dans la rue Saint-Jean, où elles demeurèrent jusqu'en 1686. Quatre ans après leur établissement, elles achetèrent, dans la rue de Nieuport, actuellement rue Benjamin-Morel, quatre maisons qu'elles firent abattre et sur l'emplacement desquelles s'élevèrent une petite église et un couvent.

A l'appui de ce qui précède, nous croyons ne pouvoir mieux faire qu'en transcrivant un brouillon assez informe émanant de la Municipalité ; cette pièce, sans date certaine et sans signature, est relative à l'origine de la communauté des Augustines :

« Nous, maire de la ville de Dunkerque, certifions et attestons, d'après les archives de la description historique de Dunkerque par Pierre Faulconnier, grand-bailly héréditaire de ladite ville et territoire, faite en

1 Description historique de Dunkerque, t. II, p. 93.

2 Une communication de M. l'abbé Delrue, doyen-curé de Dixmude, nous fait connaître certains noms de ces religieuses fondatrices : Sœur Elisabeth Simoens, professe du 8 mai 1666, décédée à Dunkerque, le 23 novembre 1684. Elle fut supérieure pendant trois ans. Sœur Françoise Patou, professe du 12 septembre 1674, décédée à Dunkerque, le 12 août 1704. Sœur Agnès Verramon, professe du 12 septembre 1674, décédée à Dunkerque, le 10 février 1706. « Les Sœurs Noires, ajoute M. Delrue, se sont établies à Dixmude en 1479. » — Sanderus, t. II, p. 641, en parle, mais sous le millésime 1490. Les Sœurs fondatrices appartenaient à la maison-mère établie à Bruges. Pendant ces 400 ans, le couvent de Dixmude est resté indépendant de toute autre communauté.

l'année 1790, il conste que les religieuses de l'ordre de Saint-Augustin de Dixmude, dites *Sœurs Noires*, se sont établies à Dunkerque au mois d'août 1682, pour y servir et assister les malades ; qu'on leur prêta deux petites maisons dans la rue Saint-Jean, où elles demeurèrent jusqu'en 1686 ; qu'ayant amassé quelque argent par les dots de plusieurs filles qu'elles avaient reçues dans leur communauté, et par l'épargne qu'elles avaient faite en servant des malades, elles se trouvèrent en état d'acheter quelques maisons alors proches de la porte de Nieuport et y firent construire une petite église et une maison ; qu'elles ont habitées (*sic*) ledit couvent jusqu'à l'époque de leur suppression, et qu'elles ont été constamment occupées au service des malades, leur couvent n'ayant jamais eu d'autre Institution que celle de soulager l'humanité souffrante. »

Les détails sur les premiers travaux des Sœurs Augustines à Dunkerque nous font complètement défaut. Nous savons seulement, d'après Faulconnier [1], que leur nombre, originairement de quinze, avait été, en 1697, porté à vingt, et qu'elles répondaient si bien à leur vocation, consistant à donner des soins aux malades de toutes les classes, qu'on les attirait dans toutes les maisons de la ville.

Rien d'étonnant que ce mandat spirituel, si scrupuleusement et si modestement, accompli, les religieuses Augustines aient passé en faisant le bien sans faire trop grand étalage de leurs œuvres chez nous, et qu'il faille aller jusque vers 1750 pour trouver dans les fastes locaux une trace de leur existence à Dunkerque.

1 Manuscrit provenant de l'historien Faulconnier.

A la demande du vice-amiral Cornille Bart (décédé en 1755), l'échevinage leur avait accordé le transport au cimetière des femmes défuntes. « C'était là, dit M. Derode, une petite ressource qui, jointe aux dons qui leur étaient faits, leur avait constitué, en 1790 et 1792, grâce à leur sévère économie, un capital de 48,000 liv., produisant 1,928 liv. 16 s. 8 d. [1] » Cette somme, répartie entre seize religieuses et cinq novices, donne environ 5 sols par jour et par personne.

Le 30 mai 1767, le Magistrat autorisait la communauté à faire, à la gauche de la porte d'entrée du couvent, suivant un plan donné qui se trouve aux archives municipales, dans le carton des Augustines, une porte nouvelle et pareille « pour servir d'entrée à notre église, afin d'éviter les irrévérences quand le Saint-Sacrement est exposé », dit la requête signée par la mère Everaerts [2]. On voit encore actuellement, au n° 15 de la rue Benjamin-Morel, gravé sur le fronton de la porte, un cœur percé de deux flèches. C'est bien là le vestige d'une des deux entrées dont il est question ici ; le tout, d'ailleurs, parait conforme au plan conservé dans les archives. Le cœur percé de deux flèches reste toujours l'écusson de l'ordre des Sœurs Augustines.

Les ressources des Augustines de Dunkerque étaient, nous l'avons dit, relativement minimes. Parmi les pièces qui existent encore aujourd'hui au dépôt communal, nous avons rencontré un certain nombre de

1 Encore faut-il en déduire quelques charges, de sorte que leur revenu net n'était que de 1,493 liv. 11 s. 8 d. — Voir plus bas la déclaration de a supérieure.

2 Probablement Jacqueline Everaerts, née à Dunkerque en 1715 ; elle était professe du 7 octobre 1737. — Ou bien serait-ce Agnès Everaerts, née également à Dunkerque, en 1719, et professe du 3 octobre 1736 ?

contrats de rente souscrits au profit de la communauté et qui, à la date du 18 janvier 1790, figurent à son actif. Les voici détaillés :

1° Un contrat de rente, institué originairement au profit d'Etienne-Jean Kyndt, maître charpentier, par les RR. PP. Minimes, au capital de 3,000 liv., par contrat du 21 novembre 1749, sur une maison sise rue des Arbres, et transporté, le 28 mai 1759, au profit de la communauté Augustines ;

2° 7,000 liv. (280 liv. de revenu);
3° 2,000 liv. (80 liv. id.);
4° 10,000 liv. (400 liv. id.);
5° 6,000 liv. (210 liv. id.);
6° 10,000 liv. (400 liv. id.);
7° 5,000 liv. (225 liv. id.);

Soit ensemble six titres de rente sur le Clergé.

8° Un contrat de rente, constitué, le 3 juillet 1789, par le Chapitre de la collégiale Saint-Pierre à Cassel, pour une somme de 6,000 liv. (210 liv. de revenu). Nous ferons remarquer que le Chapitre s'occupait alors de la reconstruction de son église sur la butte du château, œuvre qui n'a jamais été terminée.

9° Une rente au capital de 2,000 liv.(revenu 93 liv.6 s. 8 d.), créée originairement par Charles Macrez et sa femme, par contrat du 5 mai 1784, avec hypothèque sur une maison en Basse-Ville, au coin des rues nommées de la Redoute et du Demi-Bastion. Ladite rente, créée au profit de Pierre Lhermite et de sa femme, avait été transportée à la communauté le 6 juillet 1789.

Une religieuse, sœur Monique, appartenant à la

communauté, était intéressée pour 2,100 liv., une autre, sœur Ursule pour 600 liv., et une troisième, sœur Catherine pour 900 liv. dans les rentes sur le Clergé. De sorte que le capital, 51,000 liv., était réduit à 46,400 liv. effectives ; les revenus, en apparence de 2,063 liv. 3 s. 8 d., n'étaient que de 1,928 liv. 16 s. 8 d.

De plus, les rentes sur le Clergé étaient grevées : 1° de 372 messes à la rétribution de 20 sols l'une, par an 372 liv. ; 2° de 60 liv. pour la lumière brûlant, tant de jour que de nuit, devant le Saint-Sacrement.

Enfin, leur maison, seul immeuble que, d'après leur déclaration, elles possédassent, était, disaient-elles, « ancienne, peu spacieuse, et susceptible de grandes réparations ». Cet immeuble, qui ne leur produisait aucun revenu, était chargé d'une redevance de 3 liv. 15 s. au Domaine. De sorte que leur revenu net n'était que de 1,493 ilv. 12 s. 8 d.

Les religieuses avaient chacune leur cellule, garnie d'un lit avec matelas et paillasse, d'une table, d'une chaise et de quelques autres menus objets non décrits dans la déclaration de la supérieure. Elles avaient, de plus, les habillements et linges nécessaires à leur usage personnel.

La maison, d'après la déclaration, avait une modeste batterie de cuisine, quelques nappes et serviettes pour l'usage journalier. Chaque religieuse possédait le couvert d'argent qu'elle avait dû apporter dans la communauté lors de son entrée.

L'argenterie de l'église se bornait au strict nécessaire. La maison ne renfermait point de bibliothèque. Les religieuses avaient chacune leurs livres de prières,

Aux termes de la déclaration de la supérieure, le 15 mars 1790, la communauté présentait, tant en religieuses qu'en novices, le personnel suivant :

Noms de famille.	Noms de religion	Age.	Années de profess.
Jeanne Huwart........	Sœur Claire.......	87	67
Agnès Everaert.... ...	Sœur Monique.....	71	54
Jacoba Everaert.......	Sœur Cécile.......	75	53
Thérèse Deterre.......	Sœur Ursule	61	41
Ursule Elleboudt	Sœur Régina.	61	35
Augustine Dassonville..	Sœur Catherine....	46	24
Anne Lap............	Sœur Scholastique .	44	29
Marie Longueval......	Sœur Agnès.......	39	20
Thérèse Vandermersch.	Sœur Marie.	38	15
Lucie Lamote.........	Sœur Augustine ...	35	9
Thérèse Vanrapenbusch.	Sœur Benoît.......	3[illegible]	8
Anne Badetz..........	Sœur Louise	22	4
Cornille Voihier.......	Sœur Agathe......	22	3
Anne Ollevier.........	Sœur Thérèse	23	3
Thérèse Detraux.......	Sœur Joséphine....	26	2
Françoise Degrave	Sœur Marthe......	50	16, converse

En tout, seize religieuses.

Signé, Sœur Régina Elleboudt, *mère*.

Le même état porte — dans une dernière colonne, que les exigences du tirage nous ont fait supprimer —, au nom d'Ursule Elleboudt (en religion Régina), l'observation suivante : « Supérieure actuelle ». « C'est l'unique grade qu'il y ait dans la communauté, et il n'y a d'autre distinction que l'ancienneté entre les autres religieuses, qui sont toutes employées au service des malades tant que leur santé le leur permet. »

La communauté ne semble avoir subi aucune modification sensible dans les premiers temps de la Révolution.

Le 3 novembre 1790, Joseph-Louis Stival, officier municipal, accompagné du procureur de la commune, et de Michel-Joseph Vigreux, faisant fonction de greffier, se transporta à leur couvent et communiqua à la supérieure l'article 5 des lettres-patentes du roi sur un décret de l'Assemblée nationale du 25 mars, concernant les communautés religieuses.

Là, en présence des Sœurs assemblées dans le réfectoire, il arrêta les recettes depuis le 1er janvier à la somme de 2,087 liv. 10 s., et la dépense, à partir de la même date, à la somme de 2,375 liv. 4 s. De plus, la supérieure déclarait devoir à l'apothicaire Coppin [1], pour drogues fournies depuis le 14 novembre 1789, 61 liv. 13 s.; à Cuppers, pour pain, 51 liv. 10 s.; à Vandamme, cordonnier, pour souliers, 45 liv ; à Tavernier, boucher, 131 liv. pour viande ; à la veuve Deterre, 285 liv. pour vin ; à Villette, brasseur, 200 liv. pour bière. Il y avait encore quelques menues dettes pour blanchissage, épiceries, etc., etc.

La maison, est-il dit dans l'inventaire, est occupée en vertu d'un titre du 4 avril 1686. L'indication des revenus a été donnée ci-dessus, d'après la déclaration des religieuses ; nous n'y reviendrons pas. L'inventaire signale dans le couvent peu d'objets dignes d'être remarqués. Il y a quelques tableaux sans aucune désignation.

Dans la sacristie, on trouve 12 chasubles, 9 devants d'autel, 12 aubes, 6 surplis, 4 chandeliers d'argent, 1 croix d'argent, 1 encensoir d'argent, 2 burettes et 1 plat d'argent, 1 remontrance d'argent, 2 calices,

1 Le même qui fut maire de Dunkerque sous la Terreur.

1 ciboire d'argent, 2 nappes de communion. Dans l'église, l'inventaire signale 6 chandeliers de bois, 1 christ de bois, 6 chandeliers de cuivre, quelques tableaux.

Le procès-verbal de Stival est signé par toutes les religieuses, sauf par deux que des infirmités empêchaient d'écrire.

Une pièce du 24 janvier 1791 donne les noms dans le monde, la date de naissance, l'époque de profession et le nom de religion de chacune des quinze religieuses — dont une converse —, existant alors dans la communauté. Cette pièce est signée de la supérieure sœur Régine Elleboudt, mère, née le 17 avril 1729, professe du 24 septembre 1754.

Nous ne reproduisons pas ce document qui offre, avec des variantes dans l'orthographe des noms, le même personnel que celui indiqué par la liste du 15 mars 1790. Toutefois, nous ne retrouvons plus, au 24 janvier 1791, la sœur Augustine (Lucie Lamote) qui figurait encore, à la première date, parmi les religieuses. Etait-elle décédée, ou bien encore avait-elle quitté la communauté ? C'est ce qu'actuellement il ne nous est pas possible de dire.

A cette époque, un évènement imprévu devait apporter le deuil dans la communauté. Pour des motifs inconnus, mais probablement effrayée de l'avenir, sœur Thérèse, née le 25 août 1766, professe du 23 janvier 1787, dans le monde Anne-Marie-Louise-Thérèse Ollevier, déclarait, par acte authentique passé devant notaire, le 21 février 1791, qu'elle voulait rentrer dans le monde. Une déclaration de la supérieure, en date du 18 septembre 1792, dit qu'une religieuse était retirée chez les Pénitentes, ce qui est parfaitement confirmé par une lettre que la communauté de la rue Saint-Julien (Pénitentes) adresse à la municipalité le 26 août 1792 [1].

Le 10 mai 1791, la supérieure, mère Régine Elleboudt, annonçait, par lettre, à la municipalité, que le nombre des religieuses était réduit à treize par le décès de l'une de leurs consœurs et la rentrée d'une autre dans le monde.

Vers le 10 juin, une nouvelle religieuse était décédée. Les autres jouissaient d'une pension annuelle de 300 liv., sauf la converse qui n'en avait que 150 [2].

Au 1er mai 1792, l'autorité municipale déléguait encore un commissaire pour procéder, en vertu de l art. 26, titre II, de la loi du 14 octobre 1790, à l'élection d'une supérieure et d'une économe. Le choix des religieuses se porta sur l'ancienne supérieure, Ursule Elleboudt ; l'économe fut Thérèse Deterre, née le 17 juillet 1729, professe du 21 juillet, sous le nom de sœur Ursule.

Après cette élection, au fond ridicule, la municipalité fit procéder, vers la même époque, à une autre comédie, l'adoption d'un règlement nouveau, qui fut la reproduction de l'ancien. Dans le règlement nouveau que l'autorité municipale leur faisait dérisoirement adopter, les sœurs s'engageaient : « à soigner les malades jour et nuit tant que notre santé le permettra ; au retour des

1 Archives des Pénitentes, au dépôt communal de Dunkerque, 8e div., no 436.

2 Ces pensions étaient-elles régulièrement payées ? Il est permis d'en douter, car le 11 avril 1792, le Directoire du district de Bergues demandait des secours pour les religieuses parmi lesquelles figuraient douze sœurs noires et une converse de Dunkerque. On réclamait pour celles-ci 1,493 liv. — Derode, « Histoire religieuse de la Flandre maritime », p. 236, 237.

malades, en communauté se lever à quatre heures pour l'office ; à sept heures, la messe ; ensuite chacune s'occupera au travail, selon sa capacité, jusqu'à l'heure de la table ; après le dîner, on continue à travailler jusqu'à l'heure des vêpres ; souper à sept heures ; porte close à huit heures ; chacune se retire alors en sa chambre pour méditer. Signé : Joane Huwart, aveugle ; Augustine Dassonville ; Ursule Elleboudt, supérieure ; Thérèse Deterre, Anne-Thérèse Lap, Marie Longueval, Catherine Vandermersch, Thérèse Vanrapenbusch, Thérèse Badetz, Cornille Voihier, Thérèse Detraux, Françoise Degrave. »

Tout cela ne faisait pas le compte des meneurs.

Le 28 septembre 1792, date que l'on peut considérer comme celle de la fermeture du couvent des Augustines, la municipalité fit procéder à la vérification des objets mentionnés dans l'inventaire de 1790, et dresser un nouvel inventaire du misérable mobilier des Sœurs. « L'agent municipal, dit M. Derode, chargé de ce soin, homme intègre s'il en fût, ne trouvant dans la sacristie qu'un seul calice au lieu de deux qu'il s'attendait à y voir, interpella la communauté, lui fit les exhortations les plus pressantes, s'adressa à chaque Sœur en particulier pour se renseigner sur le calice introuvable... N'ayant pu rien découvrir, il fit toutes les réserves que lui imposait la circonstance. »

Du reste, il fut procédé suivant toutes les formes voulues à la spoliation de ces pauvres femmes. On vendit, le 17 octobre 1793, jusqu'au dernier meuble affecté à leur usage [1].

1 Derode, « Histoire relig. ».

Déjà, au 2 octobre, elles avaient pris logement en ville, chacune de leur côté, ainsi que le constate un état de la communauté à la date indiquée.

Voici, d'après cet acte, les noms des habitants chez qui ces Sœurs étaient logées :

Jeanne Huwart, âgée de 90 ans, chez le citoyen Cookuyt, rue de Bergues, nº 94 ;

Ursule Elleboudt, 64 ans, chez le citoyen Leys, rue de Sparte, nº 139 ;

Thérèse Deterre, 63 ans, chez les citoyennes Angille, rue du Jeu-de-Paume, nº.163 ;

Augustine Dassonville, 48 ans, chez le citoyen Power, rue du Moulin, nº 137 ;

Anna Lap, 46 ans, chez le citoyen Sellier, rue de Mirabeau, nº 140 ;

Marie Longueval, 42 ans, chez le citoyen Cookuyt, rue de Bergues, nº 94 ;

Catherine Vandermersch, 43 ans, chez le citoyen Vanoutryve, rue des Droits-de-l'Homme, nº 95 ;

Thérèse Vanrapenbusch, 32 ans, chez le citoyen Vanrapenbusch, rue de Nieuport, nº 56 ;

Nanette Badetz, 21 ans, chez le citoyen Vernimmen, place de la Liberté, nº 18 ;

Corneille Voihier, 25 ans, chez le citoyen Chamonin, rue de Jean-Bart, nº 12 ;

Joséphine Detraux, 29 ans, chez le citoyen Lesieu, rue de l'Ancienne-Comédie, nº 48;

Françoise Degraeve, 55 ans, chez la citoyenne Maerten, rue de Voltaire, nº 118.

Tout paraît faire croire que, dans le monde, ces braves filles devaient être à l'abri des vexations, mais il n'en fut pas ainsi, puisque, le 27 mars 1793, l'agent national signalait à l'autorité leur refus de quitter leur costume et agissait probablement en conséquence.

Ainsi finit la communauté des Augustines, cent dix ans après son installation, et nonobstant tous les efforts que l'on avait tentés pour la conserver, leur maison devint un hôpital, puis une prison, puis un dispensaire pour le traitement des galeux, dépendant de l'hôpital Saint-Julien. Aujourd'hui, ô vicissitude des choses humaines! une partie de la maison sert de dispensaire aux filles publiques.

Que devinrent, après la Révolution, les bonnes Religieuses Augustines, qui avaient si longtemps et si pleinement édifié les habitants de Dunkerque? Renoncèrent-elles complètement à la vie de dévouement menée par elles avant leur dispersion? Nous ne croyons pas la chose probable, et n'en voulons d'autre preuve que les services rendus à la population par la sœur Badetz[1] dont beaucoup de Dunkerquois âgés ont conservé le souvenir, et dont M. J.-J. Carlier fait un éloge confirmé par notre cher et digne Président M. A. Bonvarlet.

Le souvenir des Augustines ne devait pas être perdu. Toutefois leur ordre, rétabli dans le pays et notamment à Bailleul et à Bergues, n'offrait pas les ressources d'un nombreux personnel, et d'un autre côté, le besoin urgent de services et secours à domicile se faisant sentir,

1 Anne Badetz, née à Dunkerque en 1768, fille de Pierre Badetz, chirurgien-juré de la marine et de l'Amirauté, et d'Anne Vital, fit profession au couvent des Sœurs Noires gardes-malades, le 18 octobre 1786. Lorsqu'elle dut quitter la maison des Sœurs Noires par suite des décrets qui supprimèrent les ordres religieux en 1791, elle continua, et pendant plus de trente ans les contemporains lui ont vu continuer sa profession de garde-malades à domicile, le front garni du bandeau indice de sa première vocation. (ANNALES du Comité flamand.)

on recourut, en 1827, aux Filles de l'Enfant-Jésus de Lille, qui, pendant de longues années, rendirent aux malades et nécessiteux de toutes les classes d'inappréciables services.

Mais les statuts de cette congrégation ne permettant pas le déplacement des religieuses hors de la communauté, la faculté momentanée de la cohabitation leur fut retirée.

Ce fut alors qu'on songea, pour relier l'avenir au passé, aux Sœurs Augustines de Gand [1], qui acceptèrent avec empressement la proposition qu'on était venu leur faire.

Le 29 janvier 1866, arrivèrent à Dunkerque, sous la conduite de leur directeur, M. le chanoine Ost, les sœurs Lutgarde, supérieure provisoire, Julienne, Augustine, Lucie, Angèle, Cécile et Gabrielle.

On les logea dans un bâtiment qui formait le fond de la maison des Filles de l'Enfant-Jésus, Marché-au-Blé. Le 30 octobre 1866, la direction de la maison fut définitivement confiée à la mère Théodule, dans le monde Colette Loosfelt, âgée de 40 ans, professe de 1851.

La Providence suscita à leur protectrice, Mlle la baronne Dons de Lovendeghem, à acquérir pour elles, par acte passé devant Me Hovelt, notaire à Dunkerque, le 2 avril 1867, une vaste propriété en Basse-Ville, rue de la Paix. M. l'abbé Gourdin, professeur à l'Institution N.-D. des Dunes [2], et notre ami M. Bonvarlet, prêtèrent leur dévoué concours à cette acquisition.

1 Voir annexe B.

2 Actuellement curé de Verlinghem.

Le 4 mai de la même année fut le jour béni où les bonnes Sœurs Augustines prirent possession de leur nouvelle communauté. Elles étaient déjà à ce moment là au nombre de neuf, chiffre bien insuffisant pour répondre aux nombreuses demandes d'aide qui leur étaient adressées de toutes parts. Un lamentable évènement ne devait pas tarder à mettre en relief le zèle incomparable de ces saintes filles

Une cartoucherie avait été créée près de la plage, dans l'ancien établissement des Bains de mer. Le 6 février 1871, de nombreuses ouvrières y travaillaient, quand, amenée par des causes qui n'ont jamais été nettement définies, bien que l'on puisse la supposer due à l'imprudence, une explosion terrible se produisit, faisant de nombreuses victimes. Indépendamment de plusieurs femmes tuées sur le coup, et pour lesquelles l'administration municipale fit faire des obsèques solennelles, trente autres blessées furent conduites à l'Hôtel-des-Pompiers. Elles y reçurent les soins aussi dévoués qu'intelligents et affectueux de la mère Théodule, supérieure des Augustines, aidée de plusieurs de ses consœurs, dont la maison était voisine de l'hôpital improvisé. Un semblable dévouement ne pouvait manquer d'attirer l'attention de l'autorité supérieure, et dès le 2 juillet 1871, l'œuvre internationale de secours aux blessés sur les champs de bataille, dans les ambulances et hôpitaux, offrait à la mère Théodule une croix de bronze, insigne de l'œuvre, ainsi que le diplôme, en souvenir des services rendus pendant la guerre, lors de l'explosion de la cartoucherie.

Depuis lors, se contentant de faire en silence le bien auquel les appellent les règles de leur congrégation,

les Sœurs Augustines ne font guère parler d'elles, bien que leur éloge soit dans toutes les bouches, et que les malades se disputent leurs services[1]. Aussi, de neuf qu'elles étaient au début de leur établissement à Dunkerque, sont-elles aujourd'hui dix-huit, chiffre déjà reconnu insuffisant pour la population appréciatrice de leurs vertus et de leur mérite[2].

Annexe A.

Le seul registre que l'on possède encore de la communauté est intitulé : « Registre des vêtures et professions faites dans le couvent des Sœurs Noires de l'ordre de Saint-Augustin, dans la ville de Dunkerque ». Ce registre, qui ne comporte que six feuillets, paraphés et signés le premier et le dernier, par sœur Monique Everaers, mère, c'est-à-dire supérieure, contient les actes de profession dont nous indiquons plus loin la substance. Il débute ainsi :

« L'an de grâce mil sept cent soissante six le vingt quaterième jour du mois de may la communauté des Sœurs Noires dittes Augustines de la ville de Dunkerque ayant été capitulairement assemble a résolue pour se conformer aux ordre de Sa Majeste donné à Versailles le 9 auvril 1736 de dresser deux registres des veture et professions qui se feront

1 Le quartier de la Basse-Ville qu'elles habitent est particulièrement l'objet de leurs libéralités. Il ne se passe pas de jour sans que des douceurs et des médicaments de tous genres ne soient donnés aux nécessiteux du voisinage. Plus de cent layettes sont fournies annuellement par leurs soins, et le 6 décembre on voit leur maison assaillie par des essaims d'enfants qui viennent recevoir des mains de la bonne mère Théodule les cadeaux de la Saint-Nicolas.

Avant la Révolution, les Sœurs Noires de Bailleul, de Bourbourg, etc., exerçaient l'hospitalité. Les Augustines de Dunkerque, de même que celles de Gand, ne sont point hospitalières ; néanmoins, jusqu'à présent, elles se sont fait un devoir d'héberger, et cela pendant trois jours, les religieuses qui sont venues dans notre ville solliciter la charité des catholiques.

2 Voir annexe C.

au dit couvent a cette effect la sus ditte communauté a authorisèz la Mere superieure pour y cotter et parapher de la manière qu'il est porté par la sus ditte déclaration du Roy : en foy de quoy elle a signé, fait et arreté au chapitre jour, mois et an que dessus.

Sœur Monique Everaers, mère.
Sœur Thérèse Coffyns.
Sœur Claire Huwart.
Sœur Mary Duquenne.
Sœur Lowise Lestaghe.
Sœur Françoise Dekée.
Sœur Cécile Ewerаers.
Sœur Constantia Lestaghe.
Sœur Lucia d'Arras.
Sœur Ursule Deterre.
Sœur Placide Van den Kerckove.
Sœur Rejina Elleboudt.
Sœur Augustine Waryn.

L'an de grace mille sept cent soissante six le vingt quaterième jour du mois de may. Nous soussignée mère superieure du couvent des Sœurs Noires dittes Augustines dans la ville de Dunkerque étant duement autorisées par l'acte capitulaire de ce jour, cy de l'autre part avons cotté et paraphé par première et dernier le présent registre contenant six feuillets pour servire à y inserer et registrée par jour et datte sans aucun blanc tous les actes de vêture, noviciat et profession que se feront dans notre couvent pendant cinq années consécutif fenissant le dernier jour de l'année 1770, en y observant les autres formalitez prescrittes par la declaration du Roy du neuf auvril mille sept cent trente six concernant la forme à tenir les registres de veture noviciat et profession du fait dans notre couvent jour mois et an que dessus. »

Sœur Monique Everaerts mère.

VÊTURES

26 mai 1766, Marie-Augustine-Josèphe Dassonville âgée de 22 ans née à Vieux-Berquin fille de Charles-Constant

fermier à Estaires et de Marie-Joanne Degroote, fait profession sous le nom de sœur Catherine après un an de noviciat. En présence de Jacques Pilliet, vicaire de la paroisse Saint-Eloi, commissionné par l'évêque.

Témoins : Charles-Constant Dassonville père de la religieuse, Pierre-François Degroote.

Sœur Monique Everaerts mère.
Suster Catherine Dassonville.

1er septembre 1766, Anne-Thérèse-Caroline Lap, âgée de vingt ans, native d'Ypres fille de Louis-Gaudencius Lap et de Jacqueline-Therèse Vansteenkiste de la même ville, commence son année de noviciat sous le nom de sœur Scholastique. En présence de l'abbé Pilliet commissionné par l'ordinaire. Témoins : le père de la novice, lequel signe d'une croix, et Laurent Lomme, capitaine de navire à Dunkerque.

Sœur Monique Everaerts mère.
Sœur Scolastique Lap.

14 septembre 1767. Profession de la précédente. En présence de Bertrand Thiéry, licencié en théologie, commissaire de l'évêque, curé de Dunkerque. Témoins : Nicolas Gramon, aumonier de la marine, Nicolas Franchois prêtre, sacristain de la paroisse.

Sœur Monique Everaerts mère.
Sœur Scolastique Lap.

16 mai 1769. Marie-Jeanne Longueval, agée de 18 ans, quatre mois et demi, native de Gravelines, fille de François et de Marie-Joséphine Verlure, tous deux de la même ville, prend l'habit de novice sous le nom de sœur Agnès, en présence de Bertrand Thiéry, licencié en théologie, curé de l'unique église de Dunkerque commissaire de l'évêque. Témoins : Nicolas Franchois, prêtre, sacristain de l'unique église paroissiale, et Jean Blomme curateur de la novice.

Sœur Agnès Longueval.
Sœur Monique Everaerts mère.

29 mai 1770. Profession de la précédente, alors âgée de 19 ans et 5 mois, en présence de Bertrand Thiéry, qualifié comme ci-dessus. Témoins : Jean Blomme, curateur de la professe et Pierre-Philippe Caloen, marchand de toile à Dunkerque.

Sœur Agnès Longueval.
Sœur Monique Everaerts mère.

Annexe B.

Nous donnons ici quelques renseignements sommaires sur la maison des Augustines de Gand. Nous croyons, dans ce but, ne pouvoir mieux faire que de reproduire *in extenso* la lettre qui nous a été très obligeamment adressée par M. le chanoine L.-J. Vandenhende, directeur de cette communauté :

« Gand, 11 août 1884.

» Monsieur l'Abbé,

» Le livre des cérémonies des Sœurs Noires de Gand contient, comme j'ai eu l'honneur de vous le dire, une bulle de Jules II, en date du 7 des Ides de novembre 1511. Cette bulle est adressée à Jacques, évêque de Cambrai, et a été communiquée aux Sœurs par Rogerius Stoop, official de Cambrai, résidant à Bruxelles, en 1521. La bulle de Jules II est faite pour confirmer les dispositions d'une bulle antérieurement donnée par Sixte IV, dans laquelle le Pape reconnaît l'état des Sœurs et leur assure tous les privilèges accordés à l'Ordre.

Je crois avoir compris, monsieur l'Abbé, que vous êtes parfaitement renseigné sur tout ce qu'on peut encore savoir de l'établissement des Sœurs Noires à Gand. Je dirai toutefois ce que j'ai pu trouver ici regardant ce point :

» 1° Les Sœurs sont venues s'établir en 1369, rue des Charrons, actuellement rue des Sœurs-Noires. Je ne saurais dire où elles étaient avant de venir s'établir dans cette maison.

» 2° Elles ont obtenu, en 1400, la permission de construire une chapelle à clocher.

» 3° Elles ont été supprimées en 1798 et leur maison a été vendue.

» 4° Elles se sont réunies de nouveau en 1807, dans une maison située rue des Filles-Dieu.

» 5° Elles ont quitté cette maison en 1833 pour venir dans la maison qu'elles occupent actuellement, rue des Chantiers.

» 6° C'est là que, en 1834, a eu lieu la première profession solennelle depuis la Révolution.

» Tout cela, monsieur l'Abbé, sera probablement inutile pour votre travail, mais quoi qu'il en soit, vous voudrez bien y voir un témoignage de ma bonne volonté.

» Veuillez agréer, monsieur l'Abbé, avec mes plus sincères remerciements pour tout ce que vous faites en faveur de nos Sœurs de Dunkerque, l'assurance de mes sentiments les plus respectueux.

» L.-J. VANDENHENDE. »

La R. M. Stanislas, supérieure de la maison de Gand, nous a communiqué un registre in-folio contenant les Constitutions données à sa Congrégation par l'Ordinaire à une date incertaine. Il porte pour titre : « Dit naervolghende is het inhouden van de gratien prewelegien ende statuten die Myn Heere den Bisschop van Ghendt by synen vicarissen heeft gegeven [aen] de zwaerte zusteren ter reformatien ende vasticheyt van haeren state. »

Ce titre, que nous venons de transcrire, est suivi des constitutions divisées en 41 articles. Le copiste, une religieuse sans doute, termine ce travail par son distique :

Het eynde sterck
Croont het werck.

Viennent ensuite les obligations imposées aux religieuses :

« Hier beghunt de bedied... ? van den reghel van onz. H. vader Augustinus. »

Un certain nombre de points et de rubriques sont écrits à l'encre rouge. Le copiste n'a pas manqué de terminer son travail par cette pieuse réflexion :

« Tot meerder eer Godts het eynde croont het werck. »

Une religieuse, qui n'est pas le copiste, sœur Antoinette Cnockaert, a jugé bon d'écrire sur le premier feuillet liminaire :

« Zuster Antoinette Cnockaert heeft dit eerste wtgheschreven wyt den statute boeck, daer naer heeft men deze ander letter ghegeven doors bevel van Vanhoecke.

Niet zonder God. 1650.
In God hoop ick alleen.
Want den menschen hulp is geen.
Godt spaert Cnockaert.

Au verso, elle a encore écrit :

« Ik dancke Godt van al deze vervolgynge
Wan tis den weg tot d'euwige vergeldyng. »
« Zwarte zusters tot ghendt (1660)
Aen my wel bekendt. »

Ce registre a pour feuillets de garde : au commencement, trois feuillets d'un missel manuscrit qui doit être du XVe ou du XVIe siècle ; à la fin, deux autres feuillets du même manuscrit.

Il semblerait résulter du titre ci-dessus rappelé, copié de la main d'Antoinette Cnockaert, qu'elle avait transcrit les statuts de la communauté, mais que, à la suite de la rédaction des nouvelles Constitutions, elle a substitué à sa copie le texte de celles données à nouveau par l'évêché. Le manuscrit contient, sans le feuillet liminaire, placé en tête, 53 feuillets paginés d'un seul côté (106 pages).

Nous donnons d'autant plus volontiers les renseignements qui précèdent, que Sanderus [1], le savant auteur de *la Flandria illustrata,* n'a rien connu de la maison des Sœurs Noires de Gand avant l'année 1470, tout en disant qu'elles existaient avant cette date.

Annexe C.

État de la Communauté des Sœurs Augustines de Dunkerque, le 8 décembre 1884.

Noms de religion :	Années de la profession :
Mère Théodule,	25 juillet 1851.
Sœur Macaire,	6 août 1864.
Sœur Régine,	11 août 1865.
Sœur Antoine,	20 mai 1867.
Sœur Madeleine,	id.
Sœur Ida,	7 mai 1868.
Sœur Victoire,	id.
Sœur Catherine,	17 mai 1869.
Sœur Clémentine,	18 mai 1872.
Sœur Agnès,	25 juin 1873.
Sœur Stéphanie,	3 septembre 1874.
Sœur Claire,	id.
Sœur Pauline,	13 septembre 1876.
Sœur Virginie,	id.
Sœur Monique,	id.
Sœur Aldegonde,	25 juin 1878.
Sœur Barbe,	22 juillet 1879.
Sœur Anastasie,	id.

1 Tom. I, p. 381, éd. de 1735.

www.ingramcontent.com/pod-product-compliance
Ingram Content Group UK Ltd.
Pitfield, Milton Keynes, MK11 3LW, UK
UKHW022152260726
13993UKWH00005B/2313

9 782019 949402